INHALT

LEGO®

THE BATMAN MOVIE™

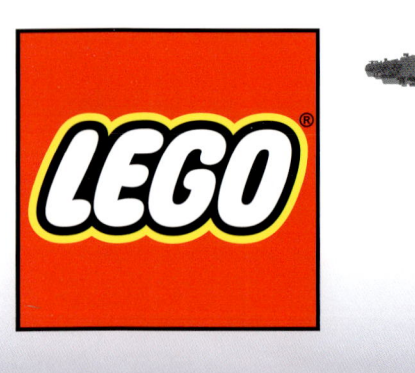

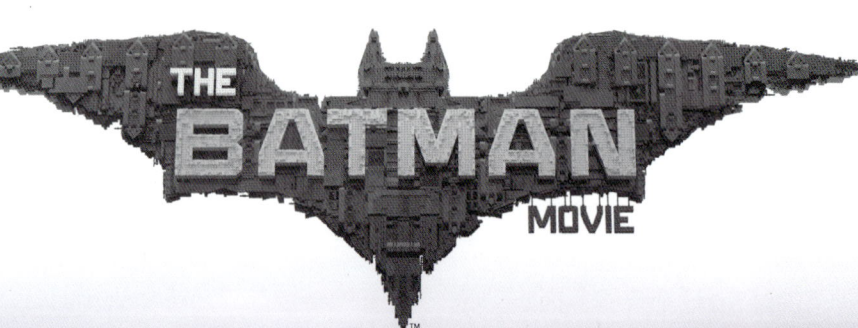

DAS BUCH ZUM FILM

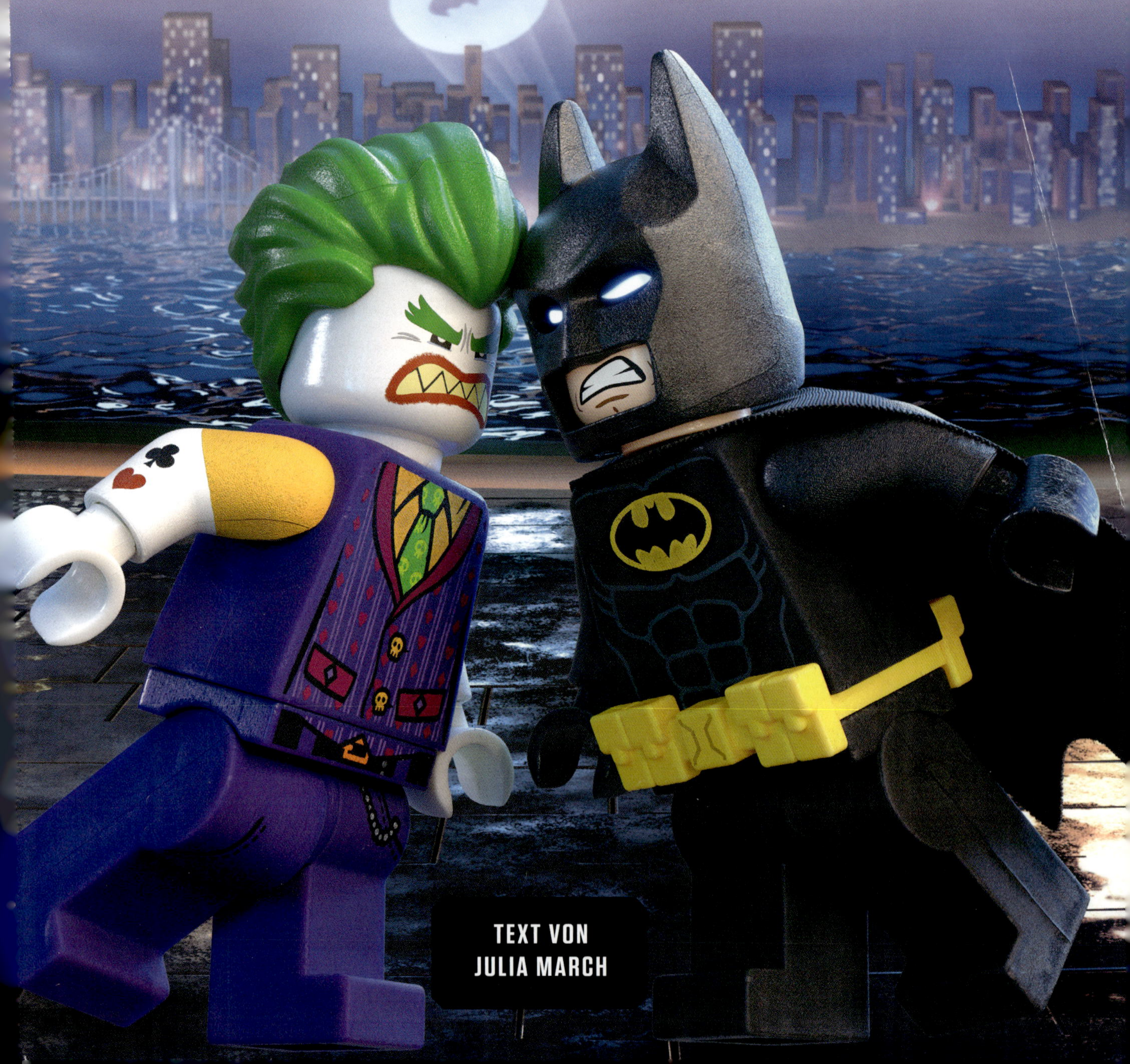

TEXT VON
JULIA MARCH

Einleitung

Hey, Batman-Fans!

Gratuliere, dass ihr zu diesem genialen Buch gegriffen habt. Es handelt nur von mir – Batman –, und ich bin eben ein genialer Typ.

Lest euch durch, wie ich wieder mal die Stadt rette, und zwar ohne Hilfe. Na ja, ich schätze, ein paar coole Typen haben mir minimal geholfen. Die trefft ihr auch in diesem Buch.

Ihr scheint ja auch ganz cool zu sein. Da verrate ich euch doch glatt ein paar Geheimnisse über mein unglaubliches Leben als Superheld.

Los geht's!

Batman ist großartig und das weiß er. Er ist ein genialer Meisterbauer, Verbrechensbekämpfer und Held der Bewohner von Gotham City. Trotz seiner vielen Fans ist er stolz auf sein Einzelgängertum. Er ist nie einsam, denn er ist immer damit beschäftigt, die Stadt zu retten!

Batmans Kapuzen-maske schützt auch seine Identität.

SCHWARZ IST TRUMPF!

Schon gewusst?

Laut Batmans Butler Alfred hat Batman Angst, wieder eine Familie zu haben. Bat-man sagt, er habe vor allem Angst vor Schlangenclowns.

Im Gürtel sind alle Geräte, die Batman braucht.

Schwarz geht immer

Batman gibt es schon lange, aber sein klassischer Stil lässt ihn nie alt aussehen. Sein schwarzer Anzug verschmilzt mit den Schatten und das Bat-Symbol in Gelb sticht richtig heraus.

Der Dunkle Ritter

Wie eine echte Fledermaus meidet Batman das Tageslicht. Nur nachts begibt er sich auf die Straßen von Gotham City, um das Verbrechen zu bekämpfen.

So erreichst du Batman:

Bat-Signal
Nur einschalten, wenn es echt dringend ist! Das Signal ist deutlich am Nachthimmel sichtbar.

Bat-Phone
Ist Batman etwa beschäftigt? Genieße die Warteschleife oder hinterlasse eine Nachricht.

Bat-Fax
Langsam und altmodisch, aber vielleicht erreichst du ihn ja.

Batarang zum Werfen in typischem Schwarz

Die Scheinwerfer zeigen Batman die Verbrecher in den dunklen Straßen.

Fledermaus-umrisse gehören zu Batmans Stil.

Das Bat-Symbol prangt vorne und in der Mitte des Batwings.

Meisterbauer

Es gibt nichts, was Batman nicht bauen könnte. Er hat für jede Gelegenheit ein Fahrzeug, ob zu Lande oder in der Luft. Sein letztes Batwing-Modell nannte er „Black Thunder".

Sei wie BATMAN

Batman ist der coolste, härteste, eleganteste und genialste Superheld aller Zeiten. Denn er weiß: Am besten ist man einfach man selbst. Er hat aber auch ein paar Tipps für Fans, die wie ihr Held sein wollen, denn als Batman ist man natürlich auch extrem cool.

Verwöhne dich

Superhelden arbeiten hart für die Sicherheit aller anderen. Zur Belohnung kann man sich doch mal eine Leibspeise gönnen? Batman isst Kaviar, Steaks und Hummer Thermidor. Er hat es sich verdient!

Phone!

GUCK MAL, GENIAL!

Alles aufnehmen

Durch Selfies hast du immer eine Erinnerung an deine genialen Abenteuer. Mach so viele Fotos wie möglich. Dann kannst du dein Heim mit deinen Heldentaten verschönern.

Nimm dir Zeit für dich

Etwas Zeit abseits ist pure Entspannung für Helden. Such dir einen Ort fern vom Trubel und chille einfach. Batman entspannt sich, indem er im ruhigen Pool von Wayne Manor schwimmt … herrlich!

Fördere deine Talente

Lass nicht locker und folge deinen Träumen. Batman ist nicht nur ein Milliardär, Verbrechensbekämpfer und Meisterbauer, sondern auch Musikgenie! Er singt, rappt, macht Breakdance und spielt einhändig und einfüßig Klavier.

BEREIT FÜR KRASSE BEATS?

DER ALLERERFOLGREICHSTE BÜRGER

Kaum überraschend, wer (schon wieder) die Liste der reichsten Bürger krönt … Bruce Wayne!
Bruce verlor als Kind seine Eltern, eroberte aber trotzdem die höchsten Sphären der Geschäftswelt. Er ist offiziell der reichste Mensch der Stadt – und der geheimnisvollste.

Bruce geht auf viele Partys, gibt aber selten selbst welche bei sich zu Hause in Wayne Manor. Warum sitzt Bruce nur immer in seiner Höhle?

Bruces Eltern Thomas und Martha Wayne starben kurz nach der Aufnahme dieses Bildes. Er wurde ein Waisenkind.

Was kommt als nächstes für den Mann, der alles hat? Ein neues Geschäftsfeld für Wayne Enterprises? Hochzeit mit einer Schönheit der High Society? Wenn man Bruce fragt, bekommt man nur sein blendendes Lächeln. Er hält dicht. Wir warten immer noch auf ein Zeichen!

„Nenn mich Bruce, Champ."

Auf der Gala anlässlich des Ruhestands von Commissioner Gordon trat Bruce Wayne elegant auf. Er trug einen weißen Smoking, eine schwarze Fliege und eine rote Nelke im Knopfloch.

Wayne Manor

Wayne Manor steht auf einer Insel hoch über Gotham City. Das herrliche Anwesen ist der Familiensitz des Milliardärs Bruce Wayne. Dort wohnt auch Batman – weil Bruce und Batman ein und dieselbe Person sind.

Einsames Licht zeigt, wo Bruce sich gerade aufhält.

Der Garten wird vom Butler exzellent in Schuss gehalten.

Üppig ausgestattet

Familie Wayne füllte das Anwesen mit luxuriösem Dekor, edlen Möbeln und kostbarer Kunst an. Bruce fügte Porträts hinzu, auf denen er surft, Ski fährt und alles in allem ein genialer Typ ist.

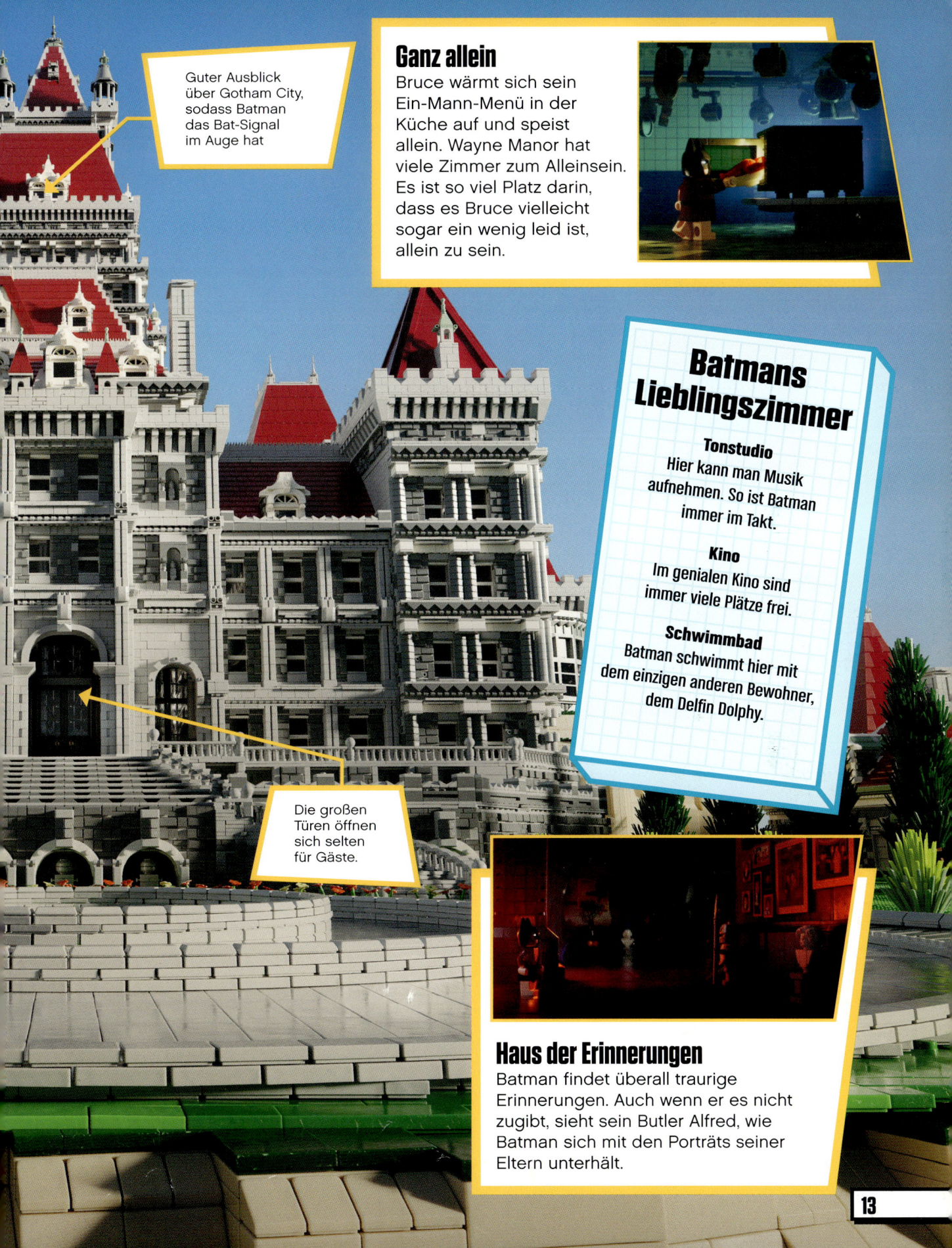

Guter Ausblick über Gotham City, sodass Batman das Bat-Signal im Auge hat

Ganz allein

Bruce wärmt sich sein Ein-Mann-Menü in der Küche auf und speist allein. Wayne Manor hat viele Zimmer zum Alleinsein. Es ist so viel Platz darin, dass es Bruce vielleicht sogar ein wenig leid ist, allein zu sein.

Batmans Lieblingszimmer

Tonstudio
Hier kann man Musik aufnehmen. So ist Batman immer im Takt.

Kino
Im genialen Kino sind immer viele Plätze frei.

Schwimmbad
Batman schwimmt hier mit dem einzigen anderen Bewohner, dem Delfin Dolphy.

Die großen Türen öffnen sich selten für Gäste.

Haus der Erinnerungen

Batman findet überall traurige Erinnerungen. Auch wenn er es nicht zugibt, sieht sein Butler Alfred, wie Batman sich mit den Porträts seiner Eltern unterhält.

Alfred Pennyworth

Batmans Butler

Alfred ist Bruces Butler. Er ist für den Dunklen Ritter so etwas wie seine Familie, denn Alfred zog ihn auf. Abgesehen davon, dass er Wayne Manor wie am Schnürchen am Laufen hält, ist Alfred auch ein weiser Ratgeber, der Batman besser versteht als Batman selbst.

> ZU IHREN DIENSTEN, MR. WAYNE!

Der weiße Kragen ist stets perfekt gestärkt.

Traditioneller Frack mit Schößen

Ergeben und elegant

Alfreds Pflichten gehen weit über die eines gewöhnlichen Butlers hinaus. Er besteht aber darauf, sich traditionell zu kleiden: mit gestreifter Weste, blauem Frack, grauer Hose und weißem Kragen.

Butler im Einsatz

Einst diente Alfred in der britischen Royal Air Force. Mit seiner Militärerfahrung kann er Batman bei der Mechanik und Technik der Höhle zur Hand zu gehen.

Schon gewusst?

Obwohl er Batmans Angestellter ist, hat Alfred große Macht. Er kann den Batcomputer aktivieren und Batman sogar Startverbot erteilen!

Weise Worte

Alfred weiß, dass Batman insgeheim einsam ist. Würde Batman sein Heim und sein Herz für andere öffnen, wäre er viel glücklicher.

Alfreds Aufgaben

Essen zubereiten
Alfred kocht köstlichen Hummer Thermidor – Batmans Leibspeise.

Badkacheln verfugen
Da er inzwischen im Zweitbad des Fünftschlafzimmers im 17. Stock angelangt ist, hat er es drauf.

Anwesen bewachen
An Alfred kommt nicht viel vorbei!

Die Bathöhle

Unter Wayne Manor liegt die Bathöhle, das geheime Hauptquartier des Dunklen Ritters. Computer, Kostüme, Fahrzeuge und Ausrüstung warten dort – alles von und für Batman gebaut. Nur für Batman! Niemand würde es wagen, etwas zu berühren. Das könnte auch niemand, denn nur Alfred und Batman wissen von der Höhle … bis jetzt.

Batcomputer

Batman verlässt sich auf den Batcomputer, wenn er sich Informationen beschaffen will. Er ist sauer, als Alfred eine Kindersicherung einbaut, damit Batman sich mit der Erziehung seines neuen Adoptivsohns Dick Grayson befasst.

Die Laufbänder bewegen Batman durch den riesigen Raum.

Batmans Garderobe

Im Automatikschrank ist ein Outfit für jede Gelegenheit. Von Batkostümen bis hin zu Bademänteln hängt alles an beweglichen Schienen. Batman schnappt sich einfach das Richtige.

Kostüme an mechanischen Kleiderbügeln

Zelle für Schurken, die sich in die Bathöhle wagen

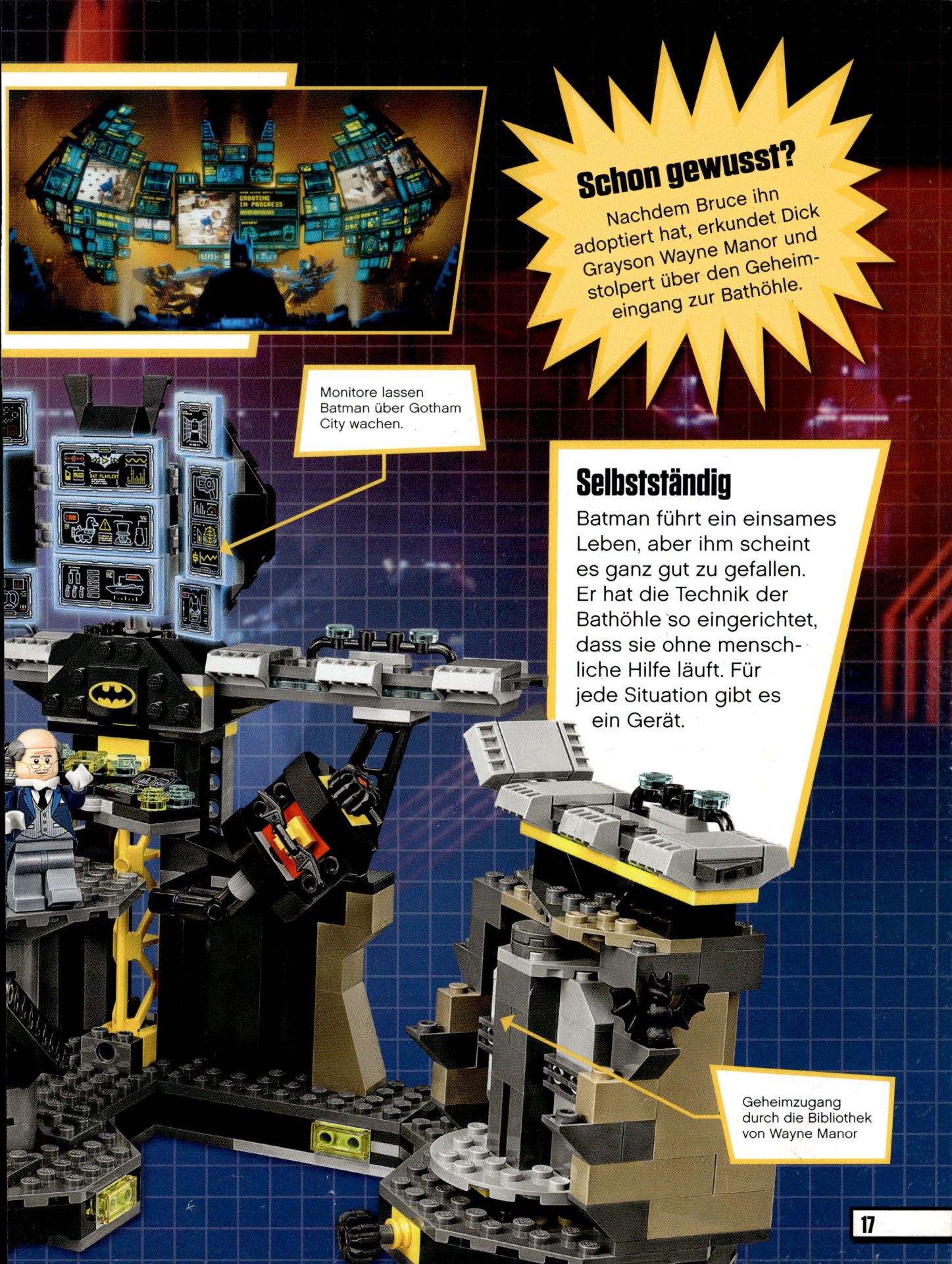

Schon gewusst?

Nachdem Bruce ihn adoptiert hat, erkundet Dick Grayson Wayne Manor und stolpert über den Geheimeingang zur Bathöhle.

Monitore lassen Batman über Gotham City wachen.

Selbstständig

Batman führt ein einsames Leben, aber ihm scheint es ganz gut zu gefallen. Er hat die Technik der Bathöhle so eingerichtet, dass sie ohne menschliche Hilfe läuft. Für jede Situation gibt es ein Gerät.

Geheimzugang durch die Bibliothek von Wayne Manor

17

Bau es wie BATMAN

Batman liebt Autos, Raumschiffe, Luftschiffe und Kajaks – das alles baut er oft mitten im Einsatz! Er bringt Rädchen zum Laufen und schwingt den Hammer. Damit hat er sich den Titel eines Meisterbauers verdient.

Batmans Garage

Die Fahrzeuge in der Garage der Bathöhle sind Batmans ganzer Stolz. Er hat sie selbst gebaut (mit etwas Hilfe von Alfred). Niemand darf sie anfassen – Fingerabdrücke auf seinen Autos sind absolut das Letzte!

Rote Heck- flosse hinten am Fahrzeug

Niedriges Cockpit mit Windschutzscheibe

Batboot

Der Dunkle Ritter ist ein wahrer Wellenreiter. Wasserliebende Feinde sehen ihre Felle davon- schwimmen, wenn das Batboot mit seinen vier Raketen in ihre Richtung düst.

"Riptide"

Ein Geheimhebel schickt mächtige Raketen los.

Cockpit (Zweisitzer) mit abstoßbarem Dach

Mit Bat-Symbol verzierte Kühlerhaube

Batmobil

Batman baut sein Kultauto immer wieder neu. Das derzeitige Modell hat drei Betriebsarten – Rennen, Monstertruck und Rückwärtseinparken. Das heißt, Batman kommt schnell raus, wenn es mal eng wird – und rein auch!

Reifen mit tiefem Profil bieten Batman Tempo und Kontrolle.

Hoch die Räder

Ist ein Hindernis im Weg, wandelt Batman das Batmobil in einen Monstertruck um und rollt darüber weg! Mit den großen Reifen lässt sich schnell die Richtung ändern.

Keine Kopiloten!

Batmans Fahrzeuge sind Einsitzer. „Keine Kopiloten", so lautete die Regel. Aber als Dick ins Batmobil stieg, musste Batman zugeben, dass ein Zusatzsitz gut wäre – und Sicherheitsgurte.

PHÄNOMENAL MODISCH!

Smoking-Party
Batman hat eine tolle Auswahl an Smokings. Er macht eine Smoking-Party, wenn er sich einfach nicht entscheiden kann.

Wut-Batkostüm
Batman schlägt jeden Scherz des Jokers zurück, wenn er seine lila Boxhandschuhe anzieht. Zack!

Batmans Kleiderschrank

Was Batman auch vorhat, er ist für jede Mission gut gekleidet. Sein schwarzes Batkostüm ist am bekanntesten, aber er trägt viele andere zum Training, im Einsatz oder zur Entspannung. Hier ist eine kleine Auswahl – gewaschen und gebügelt warten sie darauf, dass der Dunkle Ritter hineinschlüpft.

Urlaubs-Batman
Batman sorgt mit diesem Badeanzug, den Flossen und der Schwimmente für eine glänzende Auszeit.

Höhlen-Batman
Selbst ein kultivierter Held wie Batman muss manchmal den Höhlen-mann rauslassen!

Tauch-Batkostüm
Bei Unterwasser-missionen gibt es kein Auftauchen. Zum Glück hat dieser Tauchanzug eine Sauerstoffmaske.

Rocker-Batman
Batman ist eine Heavy-Metal-Rap-Maschine, wie dieser extravangante Silberanzug mit Stacheln zeigt.

Sänger-Batkostüm
Batman will den Showman rauslassen, wenn er diesen goldenen Anzug im Glitzerstil trägt.

Gute Batfee
Batmans Wunsch, alle Schurken mögen verschwin-den, könnte mit diesem Zau-berstab in Erfüllung gehen.

Relax-Batman
Ist er allein in Wayne Manor, schlüpft Batman in etwas Bequemes, aber Stilsicheres – eine dunkelrote Seidenrobe.

Der Joker

Er lacht, bis du weinst

Hast du schon vom grünhaarigen, fies grinsenden Schurken gehört? Er ist der Joker und er behauptet, Batmans schlimmster Feind zu sein. Der Joker steckt voller Scherzartikel, aber sein Plan zur Übernahme von Gotham City ist weniger lustig.

Die Joker-Karte zeigt, dass bei ihm Chaos Trumpf ist.

GIB'S ZU, BATMAN: WIR BRAUCHEN UNS!

Westentaschen mit Scherzartikeln

Schon gewusst?

Der Joker stiehlt ein Flugzeug, das von zwei Freunden geflogen wird: Captain Bill und Captain Dave. Mit dem neuen Kopiloten Captain Joker haben sie nicht gerechnet!

Witzfarben

Violett und Grün sind an allen Ecken und Enden, wenn es nach dem Joker geht (mit etwas Gelb zur Abwechslung). Sein eleganter Auftritt ist ihm genauso wichtig wie seine kriminell witzigen Machenschaften.

Plan des Jokers

1. Ausrüstung von einem Frachtflugzeug stehlen
Anschnallen! Bei Joker Airlines ist Sicherheit kein Witz!

2. Ins Kraftwerk einbrechen
Gotham City den Saft abdrehen. Kein Internet mehr!

3. Herrschaft in Gotham City übernehmen
Batman verbannen und wahnsinnig komische Regeln einführen. Ha, ha!

Gemeinsame Geschichte

Nach jahrelangem Zoff hat der Joker das Gefühl, er und Batman hätten eine besondere Beziehung. Batman findet das lächerlich. Da bleibt dem Joker das Lachen im Hals stecken.

Irrer Fahrer

Hört ihr das? Ist es das kreischende Lachen des Jokers? Nein, es sind seine kreischenden Bremsen! Der Joker will mit diesem Benzinfresser durch die Stadt rollen, sobald er Gotham City unter seiner Fuchtel hat.

Goldenes Hühnchen als Zierde ist zum Krähen.

Sitze mit Zebramuster (Vorsicht vor Furzkissen!)

Hupe, damit alle beim lauten „Tuuut!" springen

Geheimer Shooter im Kofferraum

Galerie der Bösewichte

Zur Unterstützung hat der Joker eine Gruppe der schlimmsten Bösewichte von Gotham City versammelt. Diese Wiederholungstäter wollten es Batman schon öfter zeigen. Ihre kriminellen Talente haben ihnen einen Platz im Team des Jokers gesichert ... und in Batmans Galerie.

Rate mal ...

Welcher Bösewicht verblüfft Batman gern mit schwer zu durchschauenden Hinweisen auf seine Verbrechen? Der Riddler natürlich, keine Frage!

Schurkenname: Der Riddler
Echter Name: Edward Nygma
Kräfte: Schlauer Kopf

Der Riddler

Eiskalter Erzganove

Mr. Freeze findet, Batman müsse mal abkühlen. Dafür ist er mit seiner Gefrierkanone jederzeit zu haben. Ohne seinen Exo-Anzug ist er allerdings nicht mehr so cool.

Schurkenname: Mr. Freeze
Echter Name: Dr. Victor Fries
Kräfte: Superstärke und eine Gefrierkanone, die alles in Eis verwandelt

Mr. Freeze

Fliederschurke

Es gibt mehr als eine Fledermaus in Gotham City! Seit Man-Bat in die Lüfte aufstieg, ist die Kriminalität himmelhochgeschnellt.

Schurkenname: Man-Bat
Echter Name: Dr. Kirk Langstrom
Kräfte: Fliegen und messerscharfe Krallen

Man-Bat

Riesenrabauke

Bane bringt Pein, so viel ist klar! Dieser maskierte Bösewicht lässt die Muskeln spielen. Der Dunkle Ritter muss gut auf Banes fürchterliche Fäuste aufpassen!

Schurkenname: Bane
Echter Name: Bane
Kräfte: Superstärke

Bane

Poison Ivy

Giftpflanze

Poison Ivy setzt dich mit ihren Ranken fest und fängt dich mit ihren Giften. Batman wird der Pflanzenfreundin einfach nicht Herr – ihre kriminellen Wurzeln sitzen zu tief!

Schurkenname: Poison Ivy
Echter Name: Pamela Lillian Isley
Kräfte: Kann Pflanzen kontrollieren

Catwoman

Bissiges Biest

Killer Croc denkt zwar etwas langsam, aber sobald es um Action geht, legt er los. Ein Monstertruck, so zäh wie seine dicke Haut, unterstützt seine schuppigen Pläne.

Schurkenname: Killer Croc
Echter Name: Waylon Jones
Kräfte: Unfassbar stark und echt schnell

Killer Croc

Kratzbürstig

Miau! Catwoman hat sich einen Platz bei Gotham Citys krimineller Elite gekrallt. Die flinke, verstohlene Katzendiebin kommt am Ende immer schnurrend davon!

Schurkenname: Catwoman
Echter Name: Selina Kyle
Kräfte: Flink und erfinderisch

Kopf oder Zahl?

Two-Face trifft Entscheidungen, indem er eine Münze wirft. Wer ist er heute? Ein Verbündeter von Batman? Oder ein Fiesling, der Batman ins Verderben stoßen möchte?

Schurkenname: Two-Face
Echter Name: Harvey Dent
Kräfte: Extrem schlau

Two-Face

Übler Unhold

Scarecrow wirkt irgendwie bedrohlich. Wenn er sein Furchtgas loslässt, haben seine Gegner Visionen von allem, was zum Fürchten ist: Monster, Geister … und Pizzakätzchen.

Schurkenname: Scarecrow
Echter Name: Dr. Jonathan Crane
Kräfte: Erzeugt gruseliges Furchtgas

Scarecrow

Klein und gemein

Der Pinguin sieht zwar aus wie sein kurzbeiniges Vorbild, aber er ist kein Spatzenhirn! Sondern ein kriminelles Genie mit übel aufgerüstetem Regenschirm.

Schurkenname: Der Pinguin
Echter Name: Oswald Cobblepot
Kräfte: Kann Wasservögel kontrollieren

Der Pinguin

Quinn gewinnt

Harley Quinn ist eine ehemalige Ärztin. Inzwischen hält sie Lachen für die beste Medizin. Sie findet den Joker echt witzig und er verlässt sich bei allen Verbrechen auf sie.

Schurkenname: Harley Quinn
Echter Name: Dr. Harleen Frances Quinzel
Kräfte: Hochintelligent und sehr geschickt

Harley Quinn

Schlammschurke

Clayface besteht aus Schlamm, deswegen klebt er einem im Getümmel leicht an den Fersen. Er wirft auch gern mit Dreck – direkt in Batmans Augen!

Schurkenname: Clayface
Echter Name: Basil Karlo
Kräfte: Formbarer Körper

Clayface

Fiese Fahrer

Jeder Bösewicht hat ein Fahrzeug. Der Joker versammelt sie alle, um das Kraftwerk von Gotham City zu stürmen. Von Killer Crocs riesigem Truck bis hin zum schnittigen Riddle Racer stecken sie voller unangenehmer Überraschungen, mit denen die Bösewichte das Kraftwerk niederreißen können.

Verbrecherboss
Der Joker bringt die Schurken und Gauner von überallher zusammen. Er organisiert einen raschen Vorstoß!

Two-Face hat seinen Truck zu einem Abrissbagger umgebaut.

Catwoman schnurrt auf ihrem Catcycle schnell davon.

Harleys Kanonentruck hat Lautsprecher – damit ist er genauso laut wie sie.

WER IST DIE GEMEINSTE GANG?

Propeller halten den Scarecopter in der Luft.

Killer Croc steuert den Truck von hinten. Er ist zu groß fürs Cockpit!

Megamotoren

Jedes dieser fiesen Fahrzeuge hat einen Zweck. Mit dem Truck von Two-Face durchbricht man perfekt Hindernisse, während das Catcycle mühelos durch Engstellen kommt. Hoch oben kann Scarecrow Furchtgas aus dem Scarecopter abwerfen.

Sechs Räder sind besser als vier, wenn es nach Bane geht!

Durch die Scheinwerfer des Riddler Racers geht einem ein Licht auf.

DAS WEISS DOCH SCHON JEDER!

Kraftwerk

Gotham Citys Kraftwerk versorgt die Stadt mit Licht, Wärme und Kommunikation. Das ist doch ein perfektes Ziel für den Joker! Er droht, es in die Luft zu jagen, wenn die Stadt ihm nicht in fünf Minuten die Herrschaft überlässt. Der Countdown läuft bereits …

Durchgefroren

Mr. Freeze hat einen eiskalten Plan. Er will seine Gefrierkanone einsetzen, sodass die Bösewichte die Bombe des Jokers legen können. Batman muss ihn aufhalten!

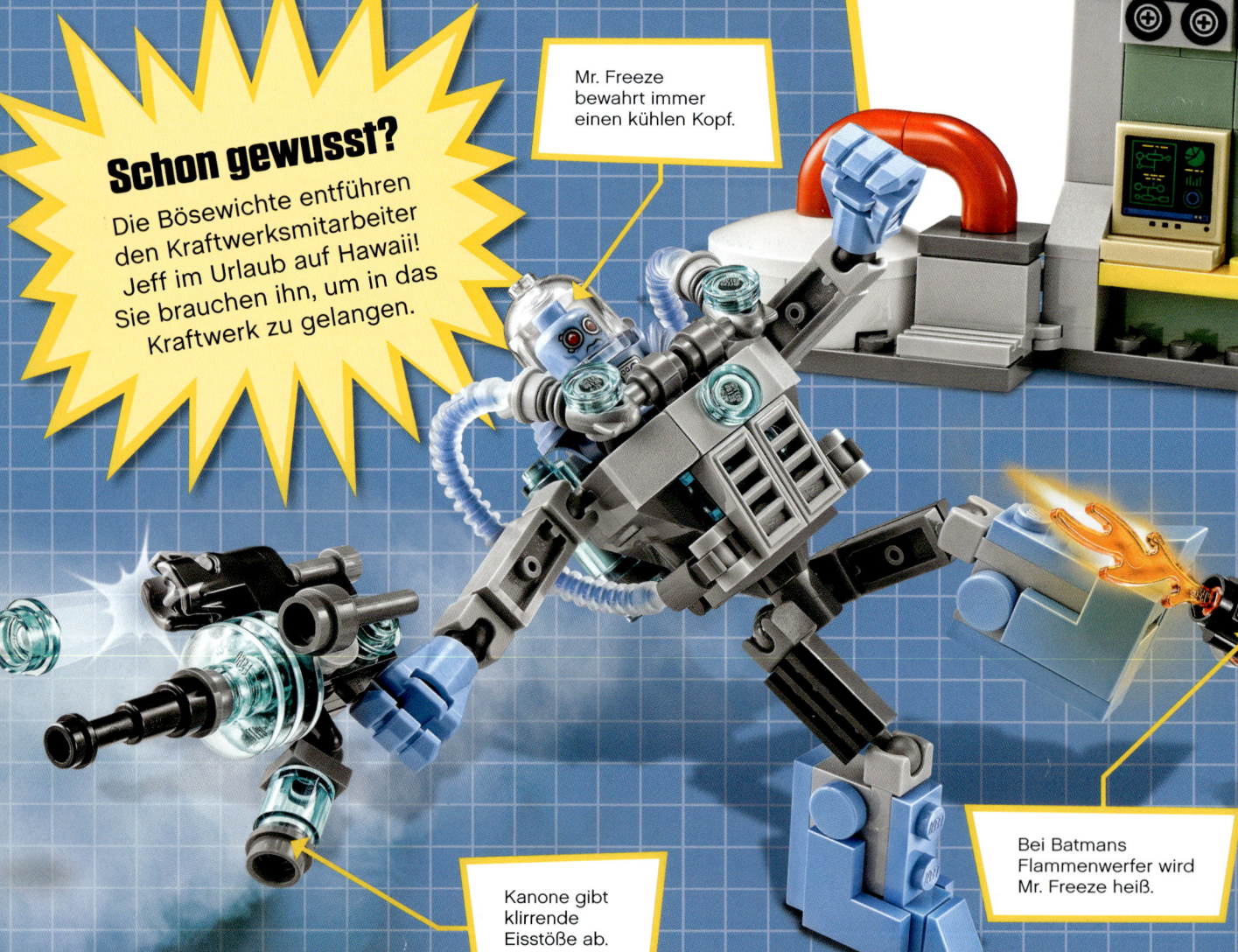

Mr. Freeze bewahrt immer einen kühlen Kopf.

Schon gewusst?

Die Bösewichte entführen den Kraftwerksmitarbeiter Jeff im Urlaub auf Hawaii! Sie brauchen ihn, um in das Kraftwerk zu gelangen.

Kanone gibt klirrende Eisstöße ab.

Bei Batmans Flammenwerfer wird Mr. Freeze heiß.

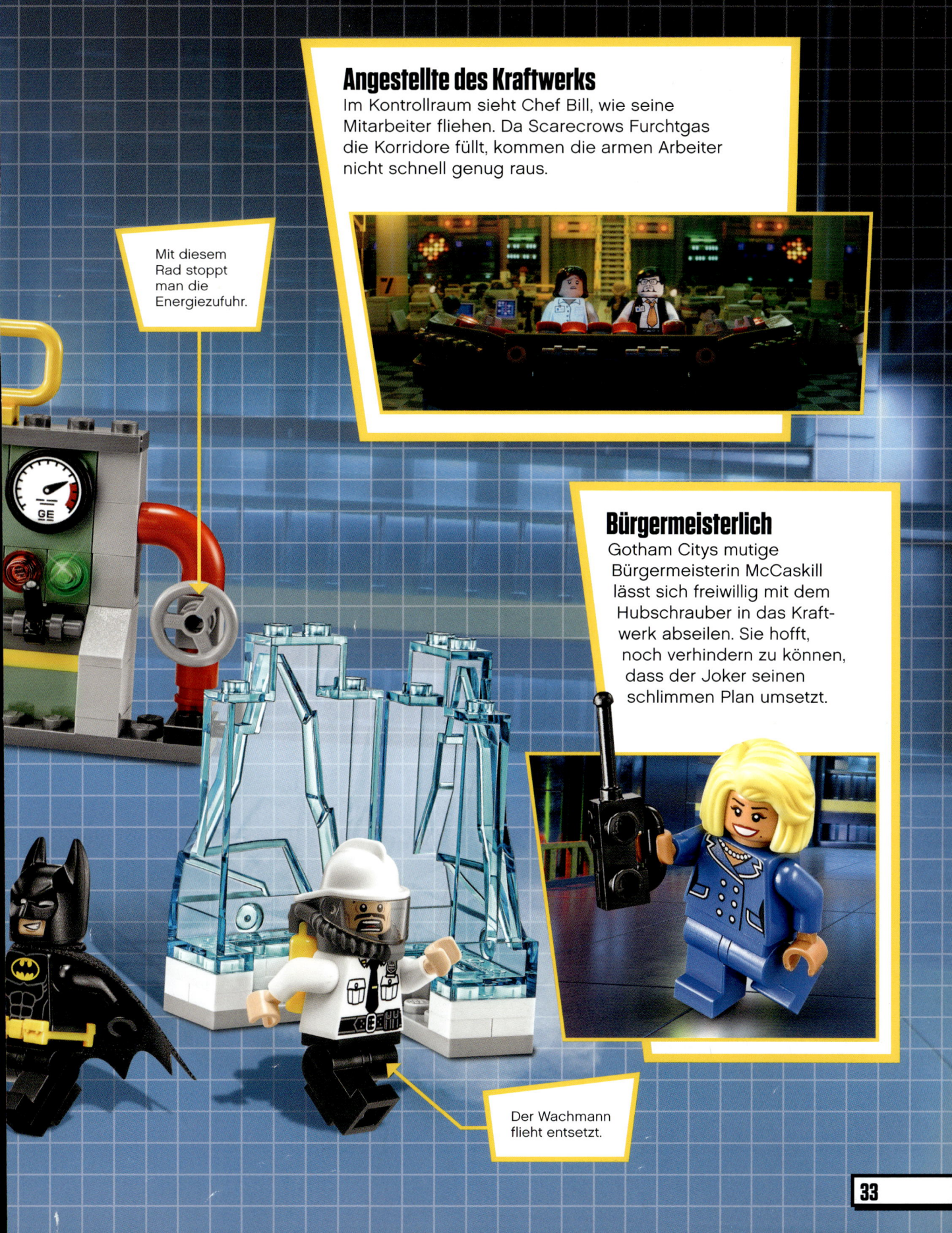

Angestellte des Kraftwerks

Im Kontrollraum sieht Chef Bill, wie seine Mitarbeiter fliehen. Da Scarecrows Furchtgas die Korridore füllt, kommen die armen Arbeiter nicht schnell genug raus.

Mit diesem Rad stoppt man die Energiezufuhr.

Bürgermeisterlich

Gotham Citys mutige Bürgermeisterin McCaskill lässt sich freiwillig mit dem Hubschrauber in das Kraftwerk abseilen. Sie hofft, noch verhindern zu können, dass der Joker seinen schlimmen Plan umsetzt.

Der Wachmann flieht entsetzt.

Du musst dich entscheiden, Batman. Rette die Stadt oder fange deinen größten Feind!

Mit wem sonst hast du eine so intensive, coole Beziehung?

Sagst du allen Ernstes, dass an uns gar nichts – NICHTS – Besonderes ist?

Erzfeinde

Für Batman und den Joker ist es nie eine Überraschung, wenn sie sich gegenüberstehen. Die beiden liegen sich schon so lange in den Haaren, dass der Joker glaubt, sie hätten eine besondere Verbindung. Batman sieht das gar nicht so.

Du glaubst, du bist mein Erzfeind?

Ich habe gerade gar keinen festen Fiesling. Ich trage es mit mehreren aus.

Es gibt kein „uns". Hat es nie, wird es nie. Du bist nur ein Clown, der mir nichts bedeutet.

Joker gegen Batman

Der Joker liebt die Duelle mit Batman. Es regt ihn auf, dass Batman behauptet, er habe viele Feinde, nicht nur einen besonderen. Überhaupt hätte er gar niemand Speziellen in seinem Leben nötig, nicht einmal einen Erzfeind. Der Joker braucht etwas Extremes, um Batmans Aufmerksamkeit zu erringen.

Barbara Gordon

Gotham Citys neuer Commissioner

Barbara Gordon ist neuer Commissioner der Polizei von Gotham. Sie nimmt ihren Job ernst, doch Batman sträubt sich davor, mit ihr zu arbeiten. Barbara weiß, dass sie zusammenarbeiten müssen, aber der Dunkle Ritter besteht darauf, keine Hilfe zu brauchen.

> GEMEINSAM GEWINNEN WIR!

Babs' Lebenslauf

Akademische Weihen
Klassenbeste an der Polizei-Uni

Praktische Erfahrung
Sie befreite eine Nachbarstadt komplett von Verbrechern.

Besondere Talente
Inspirierende Ansprachen und Motivation

Megafon, um Kollegen anzu-feuern und zu kommunizieren

Abzeichen der Polizei von Gotham City

Gut ausgerüstet

Barbara ist eine tolle Polizistin und sie mag ordentliche Arbeits-kleidung. Von der Weste bis zur schwarzen Hose ist sie praktisch und bequem gekleidet.

Schon gewusst?

Barbara hat viele Talente. Sie ist eine gut ausgebildete Pilotin, die viele Flugzeuge fliegen kann.

Pink?! Nein, danke!

Batman braucht mehrere Versuche, bis das perfekte Superhelden-Outfit für Barbara entsteht. Die pinke Version war ja wohl total daneben.

Tief violette Kapuze

Handschellen für gefangene Schurken

Gelber Gürtel für Geräte

Kleiderwechsel

Batman lässt sich endlich darauf ein, mit Barbara zu arbeiten – und überredet sie zu einer Superheldenidentität. Batgirls Anzug hat alle Details und Apparate, die sie für die Verbrecherjagd braucht.

Schnallenstiefel für perfekten Sitz.

Batgirl
Gotham Citys neue Superheldin

Barbaras Plan

Der alte Commissioner Jim Gordon rief früher beim ersten Anzeichen für Ärger Batman. Unter dem neuen Commissioner, Jims Tochter Barbara, sollen das Gotham City Police Department (GCPD) und Batman im Team zusammenarbeiten. Nach einer tollen Rede sind fast alle Bürger von Gotham City dafür. Nur Bruce Wayne weiß nicht so recht, ob das eine gute Idee ist.

- Wir werden die Dinge von nun an anders handhaben.

- Alle gemeinsam ... nicht nur Batman.

- Ich träume von einer guten Zusammenarbeit der Polizei mit Batman.

- Gemeinsam können wir alle Bösewichte fangen ... für immer!

Ruhestandsgala

Commissioner Jim Gordons Ruhestandsgala war in diesem Jahr das Ereignis der Stadt. Die Elite von Gotham City wollte Jim Danke sagen und ihm viel Spaß auf seiner Safari wünschen. Auch der neue Commissioner Barbara Gordon wurde vorgestellt.

Die Reichen und Berühmten versammelten sich, um die Erfolge zweier Top-Polizisten zu feiern – von Jim Gordon und seiner Tochter Barbara.

Engelsgleiche Stimmen versüßten die Luft. Okay, der Chor bestand nicht wirklich aus Engeln. Es waren Waisenkinder. Aber es war himmlisch.

Allen ging zu Herzen, dass Bruce Wayne einen Waisen aus dem Chor adoptierte. Na ja, es ist nur ein Gerücht!

Die Organisatoren sorgten für einen glänzenden Veranstaltungsort. Glitzernde Eisskulpturen ragten rund um das Rathaus auf.

Der Milliardär Bruce Wayne erschien in einem schmucken Smoking. Er posierte ganze drei Mal auf dem roten Teppich. Sieht gut aus, Bruce!

Commissioner Barbara Gordon hatte eine Idee zum Kampf gegen das Verbrechen. Batman soll sich mit der Polizei zusammenzutun.

Die Gala verlief schwungvoll, bis der Joker sie sprengte. Zum Glück war Batman bald vor Ort, um sich des ungeladenen Gastes anzunehmen.

Meisterbauer-Checkliste

Bolzen-Shooter

 Mit Doppel-Shootern auf dem Cockpit und den Armen nutzt Batman die Schwachstellen seiner Feinde aus.

Netzwerfer

 Ein rotierender Werfer fängt Feinde in Netzen und verhindert so ihre gemeinen Pläne.

Ausfahrbarer Arm

 Fährt Batman die Arme des Scuttlers aus, erreicht er große Höhen. Schaut auf, ihr Schurken!

MEISTER-BAUERMUSIK LOS!

Batpack

 Batman steckt sich den Raketenrucksack an, um sich in der Luft auf Feinde zu stürzen.

Der Scuttler

Als der Joker und seine Bande Jim Gordons Party sprengen, muss Batman etwas bauen, das mit wenig Aufwand verschiedene Gegner in Schach hält. Der Batcomputer hat nur einen Vorschlag – den Scuttler.

Werfer mit einem starken Netz, das gefaltet bereit-liegt zum Abwurf

Hinter der Luke lagert Batmans Raketenrucksack.

Der „Kopf" des Scuttlers ist ein dreh- und kipp-bares Cockpit.

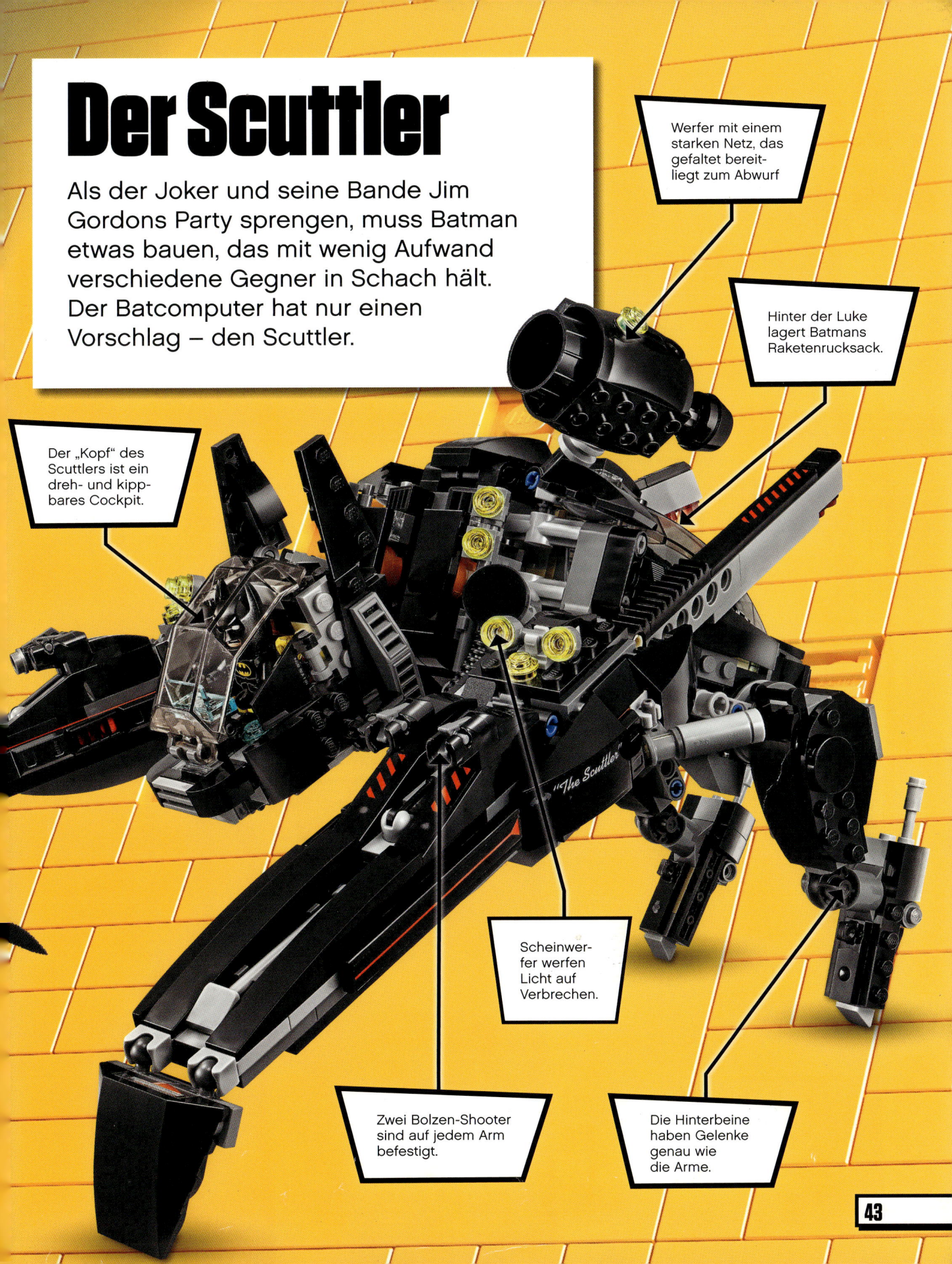

Scheinwer-fer werfen Licht auf Verbrechen.

Zwei Bolzen-Shooter sind auf jedem Arm befestigt.

Die Hinterbeine haben Gelenke genau wie die Arme.

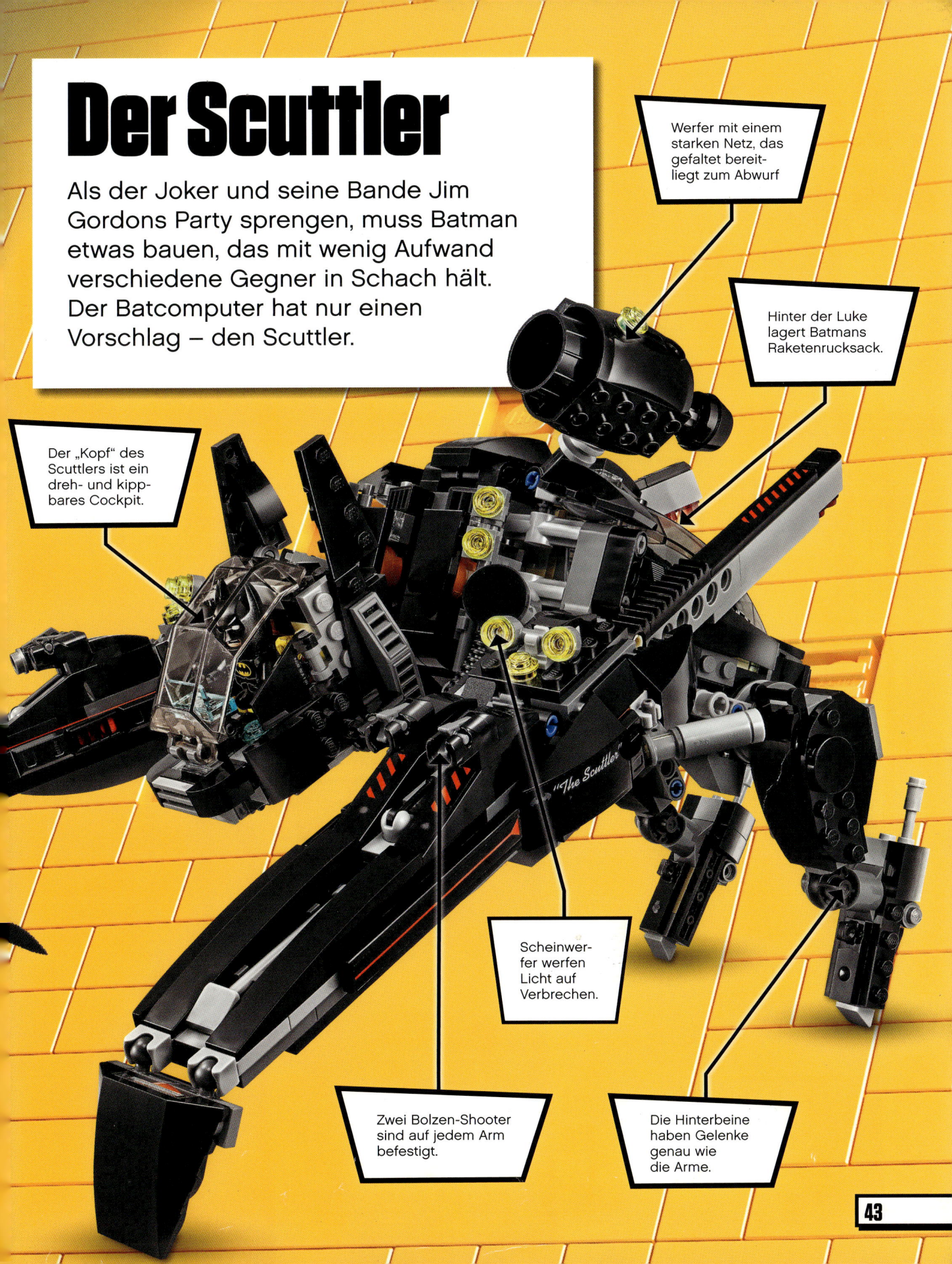

Arkham Asylum

Allein der Name bringt Kriminelle zum Schaudern. Die Tore dieses kalten, dunklen Gefängnisses schließen sich hinter allen Kriminellen, aber die Bösewichte sind wahre Stammgäste. Sie haben sogar ihren eigenen Hochsicherheitstrakt im Keller.

Top-Orte in Arkham

Fitnessbereich
Mach Muskeltraining! Dann kannst du die Gitterstäbe aufbiegen.

Kantine
Auf dem Speiseplan steht keine Grütze. Es gibt sogar Donuts!

Deine Zelle
Zähle auf deinem Gefängnisbett die Tage, bis du entlassen wirst.

Zufriedenes Schnurren

Trotz ihrer Verbrechen werden die Gefangenen im Arkham Asylum pfleglich behandelt. In der Küche gibt es gesunde Lebensmittel und Naschereien. Catwoman schleckt am liebsten Milch.

Sogar Polizisten kommen nur ungern hier vorbei.

Verzierungen
gehören zur
Architektur von
Gotham City.

Neues Gefängnis
Der Joker ist ein Stammgast im Arkham Asylum, aber er will nicht wieder hin! Er will Batman dazu bringen, ihn in ein anderes Gefängnis namens Phantom Zone zu schicken. Guter Plan, oder?

Im Wachturm können die Wächter das ganze Gefängnis überblicken.

ARKHAM ASYLUM

Pflanzen ranken sich durch das Fenster von Poison Ivys Zelle.

TOP 10

Die schrägsten Schurken in Gotham City

Einige Schurken in Gotham City sind schräger als andere. Neben diesen merkwürdigen Kriminellen wirkt der Joker beinahe normal. Batman hat immer viel zu tun, um diese irre Schar unter Kontrolle zu halten.

2

March Harriet

Diese kostümierte Betrügerin hält ihre Identität mit einem Häschenkostüm geheim. Sie hat kein Problem damit aufzufallen und arbeitet oft mit einer Bande kunterbunter Krimineller zusammen.

4

Der Calculator

Dieser Schurke hat berechnet, dass Verbrechen sich auszahlen. Der geniale Calculator hat einen Computer entwickelt, der den Ausgang von Auseinandersetzungen ermittelt.

1

Calendar Man

Calendar Man verpasst keine Verabredung mit dem Verbrechen, denn das Datum ist seine Spezialität. Er sollte aufpassen, dass er nicht bald die Tage seines Gefängnisaufenthalts zählt.

3

Kite Man

Achtung! Kite Man hat Flugdrachen, mit denen er Unheil von oben stiften kann. Gotham City braucht eine starke Brise, die diesen Kerl wegbläst.

6 Der Eraser

Der Eraser ist bei den Verbrechern der Stadt beliebt, denn er säubert Tatorte. Wenn er die Beweise vernichtet hat, bekommt selbst Batman Probleme, den Fall zu lösen.

8 Die Pantomimin

Pssst! Die Pantomimin genießt Ruhe und Frieden, auch während sie ihre Verbrechen begeht. Ihre lautlose Verstohlenheit sorgt dafür, dass man sie niemals kommen hört.

10 Orca

Diese Meeresbiologin vermischte ihre DNS mit der eines Schwertwals und wurde zu Orca. Sie schlägt große Wellen in der Unterwelt, denn sie ist eine hervorragende Schwimmerin.

5 Kabuki-Zwillinge

Die Kabuki-Zwillinge machen Batman und dem Rest von Gotham City Probleme. Die akrobatischen Bodyguards sind beidhändig messerscharf ausgerüstet.

7 Red Hood

Es ist nicht klar, wer sich unter Red Hoods roter Kapuze verbirgt. Die Polizei weiß nur, dass er für seine Verbrechen ins Gefängnis gehört. Aber erst einmal müssen sie ihm die rote Karte zeigen.

9 King Tut

King Tut ist ein königliches Ärgernis für Batman. Dieser Kriminelle hält sich für einen Pharao, der über Gotham City herrschen muss. Er stiftet Chaos, um seine Untertanen gefügig zu machen.

Dick Grayson
Bruce Waynes Adoptivsohn

Waisenjunge Dick Grayson will adoptiert werden – von Bruce Wayne. Bruce ist nämlich der erfolgreichste Waisenjunge aller Zeiten! Dicks Wunsch wird wahr. Genial! Und dann ist sein neuer Vater auch noch sein Held Batman. Doppelt genial!

Die Brille lässt die Augen groß erscheinen.

ICH HABE ZWEI VÄTER!

Schon gewusst?

Obwohl Dick die Bathöhle findet, ist ihm nicht klar, dass Bruce und Batman dieselbe Person sind. Er glaubt, er habe zwei Väter!

Ein vererbter Strickpulli mit Vogelmuster

Verloren in der Menge

Als Batman das Waisenhaus besucht, kommt Dick nicht an ihn ran. Wenn er doch nur in der Masse auffallen könnte! Aber keine Chance, zumindest nicht in den Klamotten, die irgendwer für ihn ausgesucht hat.

Raus aus dem Waisenhaus

Dick träumt davon, das Waisenhaus zu verlassen. Vielleicht, wenn sein Chor bei einem großen Ereignis in Gotham City singt. Und dort trifft Dick vielleicht Bruce Wayne …

Die Kapuze verbirgt Batmans Identität vor Robin.

Rotes Hemd mit einem „R" für Robin

Dicks wenig bekannte Talente

Schnitzkunst
Dicks Schnitzereien zeigen seine Traumfamilie.

Tiefseeschweißen
Vielleicht adoptiert ihn ja eine vorbeiziehende U-Boot-Mannschaft?

Taschenmagier
Kann man den perfekten Vater beschwören?

Dick wird Robin

Nachdem er Batman mit Mut, athletischen Fähigkeiten und Tüfteleien überzeugt hat, darf Dick bei den Missionen helfen. Er bekommt ein Robinkostüm in leuchtendem Rot, Grün und Gelb. Sogar eine grün getönte Schutzbrille ist dabei!

ROBIN
Batmans adoptierter Helfer

MEINE HELDEN ...

Ich fass' es nicht! Vor einem Monat hatte ich keinen Vater, dann einen, jetzt zwei! Und stellt euch vor ... es sind genau die Väter, die ich mir von allen ausgesucht hätte: meine beiden größten Helden – Bruce Wayne und Batman. Die besten Papis überhaupt!

Bruce-Papa

Bruce ist der erfolgreichste und netteste Waisenretter. Er war so froh, mich zu adoptieren – ich musste nur fragen. Ich erinnere ihn wohl an sich selbst als Kind!

Wayne Manor ist mein prächtiges neues Zuhause.

Ideen, um einen Vater zu finden*

- Sing beim Chor mit.

- Gehe zu Abendgalas.

- Bleiche deine Zähne.

- Lass deine Augen größer und niedlicher wirken.

* Zum Glück mag mich Papa, wie ich bin.

meine Papis

von Dick Grayson

Batman-Papa

Ich sagte Batman, wie toll es ist, dass er in Bruce Waynes Keller wohnt. Aber er meinte: „Von wegen! Bruce wohnt in Batmans Dachgeschoss!"

Batman sagt, Fotos sind in der Bathöhle tabu, aber eins habe ich.

Batman helfen

Batman wollte anfangs nicht, dass ich ihn begleite. Er hat sich wohl Sorgen gemacht. Ich ließ mich aber nicht davon abhalten, mir ein geniales Kostüm zu suchen.

HAU'N WIR REIN!

Diese Hose klemmte ein wenig.

Einsatzplan

Batman fragt den Batcomputer nach Tipps, um den Joker in die Phantom Zone zu schicken. Er erfährt, dass er sich den Phantom Zone Projektor beschaffen muss. Das wird nicht einfach, denn der ist im Besitz von Batmans Erzrivalen – Superman!

MISSERFOLGS-CHANCE: 110 %

Projektor beschaffen

Der Phantom Zone Projektor befördert Schurken in die Phantom Zone, ein Gefängnis in einer anderen Dimension. Dorthin schickt Superman seine schlimmsten Feinde. Der Projektor befindet sich in einem Atomkessel in Supermans Festung der Einsamkeit.

Lasergitter ausweichen

Ein Lasergitter schützt den Atomkessel. Das ist eine Aufgabe für zwei Helden. Einer muss über dem Gitter warten, während der andere den Wissenskristall zerstört, der es steuert. Das muss beim ersten Mal funktionieren, sonst … zapp!

Mögliche Risiken

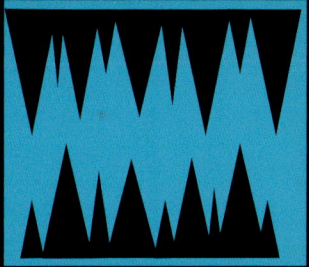

Napalm-Ring
Achtung vor den
Explosivfallen!

Säuregraben
Deine Pläne lösen sich
auf, wenn du reinfällst.

Kiefer des Todes
Nur wer flink ist, kann
dieser Falle ausweichen.

GUTE IDEEN VON BATMAN:
5 678 483
GUTE IDEEN VON ALLEN ANDEREN: 0

Risikofaktor: 110 %

Batman ist zu groß für den
Atomkessel. Seine mus-
kulösen Schultern passen
nicht in die 213 cm breite
Öffnung. Gibt es jemand
Kleinen, Geschickten und
zu 110 % freiwillig Antreten-
den, obwohl ein bedrohlich
großes Risiko besteht?
Vorschlag: Dick Grayson

Festung der Einsamkeit

Der Phantom Zone Projektor ist in der Festung der Einsamkeit. In diese abgelegene Arktis-Zuflucht geht Superman, wenn er allein sein möchte. Batman braucht den Projektor, daher nimmt er den langen Flug im Batwing mit Robin auf sich.

Robins Debüt

Es ist Dicks erste Mission und er hat einen neuen Namen: Robin. Er verspricht, Befehle zu befolgen – selbst wenn es heißt, sich in den Atomkessel zu quetschen, in dem der Projektor aufbewahrt wird.

Der Batwing ist in der Arktis nicht gut getarnt.

Schon gewusst?

Die Festung der Einsamkeit wird von Robotern von Supermans Heimatplaneten Krypton bewacht.

Justice League

Batman ist mit Superman in einem Superhelden-Team namens Justice League, aber er passt da nicht gut rein. Batman will immer ganz vorne stehen. Da fühlen sich andere Helden wie Superman oder Wonder Woman kaltgestellt.

Die Festung der Einsamkeit ist riesig. Wo ist nur die Eingangstür?

Batman läuft voraus. Er musste nie auf Partner warten.

Phantom Zone Projektor

Der Phantom Zone Projektor ist ein Gerät, mit dem Superman seine Feinde in ein Gefängnis in einer anderen Dimension verbannt. Das verschafft Batman eine glänzende Idee in Sachen Joker.

Harley Quinn
Buddy des Jokers

FÜR DICH IMMER, ZUCKER-SCHNUTE!

Korsett mit rot-schwarzem Muster

Auf Harley Quinn verlässt sich der Joker am meisten. Er ist durch und durch schlecht, doch sie würde alles für ihn tun. Harley ist dem Joker treu ergeben und hilft ihm, seine extremen Pläne auszutüfteln.

Schickes Kleid

Wie ein Hofnarr trägt Harley ein zweifarbiges Kostüm – schwarz und rot. Sie hat einen großen Holzhammer, der jeden zusammenstaucht, der ihr in den Weg gerät.

Mit den Rollschuhen kann sie schnell vom Tatort fliehen.

Auf die schnelle Tour

Harley ist eine furchtlose Draufgängerin! Das macht sie zur perfekten Partnerin für die oft gefährlichen Pläne des Jokers. Sie hält sich an seinem Auto fest und saust mitten in den Ärger.

Schon gewusst?

Harley hat viele Namen für den Joker, etwa „Mr. J." und „Zuckerschnute". Er nennt Harley seine „Buddy".

Blonde Haare ganz normal zurückgebunden

Notizen zu ihrem Lieblingspatienten – dem Joker!

Die Brille ist etwas unauffälliger als ihre Maske.

Hinweis auf Harleys liebstes Karo-Muster

Harleys beste Verkleidungen

Normale Bürgerin
Harley fährt ihren schrägen Stil herunter und wirkt ganz normal, wenn sie verschwinden muss.

Dr. Harleen Quinzel
Als Ärztin wirkt Harley vertrauenswürdig. Niemand käme auf die Idee, dass die angesehene Psychiaterin ein Gangster ist!

Doktor, Doktor!

Früher war Harley eine respektierte Ärztin namens Harleen Quinzel. Der Joker war ihr Patient im Arkham Asylum. Sie sollte seine kriminelle Ader eindämmen, aber stattdessen lief sie zu seinem Verbrecherleben über.

Plan des Jokers

Der Joker wollte das Kraftwerk von Gotham City übernehmen und auf Jim Gordons Ruhestandsgala Ärger machen. Trotzdem nimmt ihn Batman nicht ernst! Doch so leicht gibt der Joker nicht auf. Sein neuester Plan wird endlich beweisen, dass er der Feind Nummer eins für Batman ist!

Gehört alles zum Plan ...

Batman benutzt den Phantom Zone Projektor, um den Joker in ein Gefängnis in einer anderen Dimension zu verfrachten. Der Joker lächelt trotzdem, und das nicht nur, weil Batman ihn beachtet. Er hat einen Plan!

1. Rückkehr nach Gotham City

Der Joker hat nicht vor, lange in der Phantom Zone zu bleiben. Er plant seine Rückkehr nach Gotham City und die endgültige Übernahme der Stadt. Ab jetzt müssen alle seinen Regeln folgen!

2. Bruce Waynes Haus renovieren

Der Joker glaubt, Wayne Manor wäre die perfekte Basis für seine neue Regierung. Er plant, die schicke Einrichtung durch etwas Grelles im Joker-Stil zu ersetzen, wenn er zurückkehrt.

3. Es Batman zeigen

Der Joker hofft, dass seine Übernahme in Gotham City Batman zeigt, dass sie echte Erzfeinde sind. Dann nimmt Batman ihre Beziehung vielleicht endlich ernst!

Familie und Freunde

Als der Joker seinen extremsten Plan umsetzt, braucht Batman mehr Hilfe als je zuvor! Es hat gedauert, aber Batman erkennt nun, dass Menschen mindestens so gut helfen wie die Geräte, auf die er sich bisher verlassen hat. Er schafft an den Wänden von Wayne Manor Platz für neue Porträts seiner Freunde und Familie.

Die Gang!

Schnappschuss

Batman macht immer noch gern Selfies, aber er fotografiert jetzt auch seine Freunde und Helden-kollegen. Sie haben eine Erinnerung an ihre genialen Abenteuer verdient!

Robin

Träume werden wahr

Dick hat alles, was er sich erträumt hat: ein Heim, eine Familie und einen glitzernden Umhang! Batman hält ihn sogar für einen würdigen Superhelden – was gibt es Besseres?

Batgirl

Zusammenarbeit

Barbara Gordon jagt jetzt Tag und Nacht Verbrecher. Sie hat sich rasch an das Leben als Superheldin gewöhnt und fängt mit Batman und seinen Verbündeten die Bösewichte.

Alfred

Glücklicher Gehilfe

Wie immer hilft Alfred gerne, wenn Batman ihn braucht. Noch mehr freut ihn, dass Batman sein Herz und Heim neuen Freunden geöffnet hat – ganz, wie Alfred es sich einst erhofft hatte.

Welcher Held in Gotham bist du?

Mitglieder eines Teams arbeiten zusammen, aber sie müssen nicht alle gleich denken oder handeln. Welchem der Helden von Gotham City ähnelst du? Finde es mit diesem Quiz heraus!

Wähle je eine Antwort auf die folgenden Fragen und schreibe den Buchstaben jeder gewählten Antwort auf.

1. Was ist deine beste Eigenschaft?

A Ich entscheide schnell. Ich weiß immer genau, was zu tun ist.

B Ich lerne schnell! Ich bin auch geschickt und flink.

C Ich bin ein guter Ratgeber. Ich bin zufrieden mit unbedeutenden Aufgaben, wenn es nötig ist.

D Ich bin gern in einem Team. Ich bringe alle zusammen.

2. Ein Bösewicht hat einen Freund geschnappt. Wie bringst du den Schurken dazu, ihn freizulassen?

A Einfach! Ich gebe ihm mit Karate vor der tobenden Menge eins auf die Nase.

B Ich würde im Salto vor ihm landen und ihn mit meinem Glitzercape verwirren.

C Ich würde ihn vielleicht mit einer Tasse Tee und süßen Teilchen ablenken.

D Ich würde mein Megafon auspacken und meine Teamkollegen rufen.

3. Du wirst zu einem Essen mit der Bürgermeisterin von Gotham City eingeladen. Was isst du?

A Hummer Thermidor natürlich.

B Ich? Mit der Bürgermeisterin essen? Heiliger Hot Dog! Äh ... vielleicht Hot Dog?

C Ich denke nicht, dass das angemessen wäre. Sollte nicht *ich* das Essen servieren?

D Kaffee und Donuts – nichts Aufwendiges.

4. Kannst du gut deine Gefühle zeigen?

A Ich rede nicht über Gefühle. Habe ich nicht. Habe noch nie eins gesehen.

B Ja! Warum denn nicht? Alles ist so GENIAL!

C Natürlich. Aber ich mache es so diskret wie möglich.

D Offenheit ist mein zweiter Vorname.

5. Superman gibt eine Party in der Festung der Einsamkeit und lädt alle ein, nur dich nicht. Wie reagierst du?

A Er macht was?! Also ... ich wollte da eh nicht hin. Er ist sooo doof.

B Das wäre cool geworden, aber wir können eine geniale Party in der Bathöhle haben!

C Das verstehe ich. Superman hat gewiss schon einen Butler.

D Kein Problem. Man braucht mich sowieso in Gotham City.

Zähl deine Antworten!

Meistens A:
Du bist Batman. Du bist ein geborener Anführer. Aber denke daran, dass Zusammenarbeit das Leben vereinfachen kann.

Meistens B:
Du bist am ehesten Dick. Du bist begeistert und treu und du lässt schlicht nicht zu, dass dich etwas runterzieht.

Meistens C:
Wie Alfred bist du damit zufrieden, dem Scheinwerferlicht fernzubleiben. Aber ohne dich wäre dein Team verloren.

Meistens D:
Du bist wie Barbara. Du bist ein echter Teamspieler und man vertraut dir, weil du genau sagst, was du denkst.

Lektorat Beth Davies, Paula Regan,
Julie Ferris, Simon Beecroft
Gestaltung und Bildredaktion Lauren Adams,
Guy Harvey, Jo Connor, Lisa Lanzarini
Herstellung Rebecca Fallowfield, Louise Daly

Batman wurde entwickelt von Bob Kane
und Bill Finger.

Für die deutsche Ausgabe:
Programmleitung Monika Schlitzer
Projektbetreuung Christian Noß
Herstellungsleitung Dorothee Whittaker
Herstellungskoordination Katharina Schäfer
Herstellung Sabine Hüttenkofer, Evely Xie

Titel der englischen Originalausgabe:
THE LEGO® BATMAN MOVIE The Essential Guide

© der deutschsprachigen Ausgabe by
Dorling Kindersley Verlag GmbH, München, 2017
Alle deutschsprachigen Rechte vorbehalten
1. Auflage, 2017

Übersetzung Simone Heller
Lektorat Christian Noß

ISBN 978-3-8310-3252-5

Druck und Bindung TBB, Slowakei

Besuchen Sie uns im Internet
www.dorlingkindersley.de
www.LEGO.com

SELFIE-
ZEIT!